BEI GRIN MACHT SICH
WISSEN BEZAHLT

- Wir veröffentlichen Ihre Hausarbeit,
  Bachelor- und Masterarbeit

- Ihr eigenes eBook und Buch -
  weltweit in allen wichtigen Shops

- Verdienen Sie an jedem Verkauf

Jetzt bei www.GRIN.com hochladen
und kostenlos publizieren

Bibliografische Information der Deutschen Nationalbibliothek:

Die Deutsche Bibliothek verzeichnet diese Publikation in der Deutschen National-bibliografie; detaillierte bibliografische Daten sind im Internet über http://dnb.d-nb.de/ abrufbar.

Impressum:

Copyright © 2013 GRIN Verlag, Open Publishing GmbH
Druck und Bindung: Books on Demand GmbH, Norderstedt Germany
ISBN: 9783668620698

Dieses Buch bei GRIN:

https://www.grin.com/document/387953

Lars-Steffen Meier

Auf der Suche nach magischen Vorstellungen in neutestamentlichen Wundergeschichten

Eine traditionskritische Analyse von Mk 5, 1-20

GRIN Verlag

Westfälische Wilhelms-Universität Münster
Evangelisch-Theologische Fakultät
Sommersemester 2013

Arbeit zu Erlangung des Bachelorgrads:

**Auf der Suche nach magischen Vorstellungen in neutestamentlichen
Wundergeschichten:
Eine traditionskritische Analyse von Mk 5, 1-20**

Inhaltsverzeichnis

I   Einleitung

Das Phänomen der Magie berührt auch heute noch unsere Lebenswelt und Kultur: In Filmen, in Büchern, in der Musik oder auch im alltäglichen Sprachgebrauch (wenn romantisierend zum Beispiel von *magischen Momenten* die Rede ist) können magische Vorstellungen entdeckt werden. Sie ist so tief verwurzelt in unserer Kultur, sodass davon ausgegangen werden kann, dass die Idee von Magie einer langen Tradition in unserem kulturellen Gedächtnis besitzt. Eben solchen (Traditionen im weitesten Sinne) soll in dieser Arbeit auf den Grund gegangen werden. Die Zeit und das Umfeld des Neuen Testaments (NT) sind unter anderem geprägt von magischen Vorstellungen und Ritualen. Diese Arbeit soll konkret behandeln, ob und wie magische Vorstellungen der Antike in Texten, hier Mk 5, 1-20, des NT aufgenommen und rezipiert wurden.

Die Arbeit gliedert sich in zwei Hauptteile: Magie in und um die Zeit des NT und eine exegetische Analyse von Mk 5,1-20 unter besonderer Berücksichtigung der Traditionskritik. Der erste Teil erarbeitet eine Vorstellung von Magie, die abschließend zu einem umfassenden Magiebegriff führt. Hierzu werden verschiedene Quellen betrachtet und einige Positionen aus der Forschungsdiskussion diskutiert, um abschließend eine Vorstellung von dem zu bekommen, was unter Magie verstanden wurde. Der zweite Teil bedient sich verschiedener Methodenschritte der historisch-kritischen Exegese, die schließlich in der Traditionskritik münden. Hierdrauf aufbauend wird untersucht, ob und wie magische Vorstellungen in der Markus-Erzählung rezipiert und eingeflochten wurden. Abschließend werden die Ergebnisse nochmals zusammengefasst und ein Ausblick über mögliche weitergehende Forschungsansätze wird gegeben.

Die hier zu verhandelnde Thematik ist in der Forschung breit belegt und diskutiert. Ein einschlägiger Beitrag zur Magie-Forschung in der Antike ist der Aufsatz *Magic in Early Christianity* von dem US-amerikanischen Theologen David E. Aune. Aune entwickelt hier ganz zentrale Positionen, wie Magie in der Antike wahrgenommen und beurteilt wurde. Eine neuere Gesamtbetrachtung bietet der Heidelberger Theologe Peter Busch in seiner Monographie *Magie in neutestamentlicher Zeit*. Hier geht er auf zentrale Positionen der Magieforschung ein und überträgt sie auf das NT. Die Perikope *Die Heilung des besessenen Geraseners* ist durch verschiedene Bibelkommentare sehr gut und umfangreich erforscht. Zentral ist hier sicherlich der Kommentar von Wilfried Eckey und der von Joachim Gnilka, auf die in dieser Arbeit maßgebend Bezug genommen wird.

II   Magie im Neuen Testament und seiner Zeit

1.   Was ist Magie?

Das Phänomen der Magie wird in der Forschung viel und kontrovers diskutiert. In der aktuellen Forschung wird versucht dieses Phänomen immer mehr verstärkt aus soziologischer Sicht zu betrachten, was dazu führt, Erscheinungen wie die Magie nicht als „anthropologische Grundkonstanten zu setzen und definieren zu wollen, sondern sie stets in Relation zu ihrem jeweiligen zeitgenössischen Bezugsrahmen zu beschreiben."[1] Diese soziologische Betrachtungsweise weist schon auf ein Problem innerhalb der Begriffsbestimmung hin: eine eindeutige Definition des Begriffs Magie kann es nicht geben bzw. kann eine solche immer nur im konkreten Kontext des jeweiligen gesellschaftlichen und soziokulturellen Umfelds gegeben werden. Dennoch soll in diesem Abschnitt versucht werden, die Erscheinung näher zu umschreiben, um eine Vorstellung davon zu bekommen, was Magie in neutestamentlicher Zeit ausmachte bzw. wie sie verstanden wurde.

Die Komplexität und die große Bedeutungsvielfalt des Begriffes werden in dem TRE-Artikel zur Magie deutlich:

„1. ‚Magie' als Wissenschaft und Weisheit von den göttlichen Kräften in der Natur und Schöpfung (*magia naturalis*), 2. ‚Magie' als die praktische Nutzung dieses Wissens in Divination, Orakel und Zauberei, 3. Betrügerische Zauberei."[2]

Nimmt man diesen Definitionsversuch als Basis für weitere Überlegungen, kann der Schluss gezogen werden, dass es wohl Vorstellungen von guter bzw. ‚weißer' Magie (Magie als Wissenschaft, Magie als Nutzen) und böser bzw. ‚schwarzer' Magie (betrügerische Zauberei) gegeben hat.[3] Zum anderen fällt auf, dass die Grenze zwischen weißer und schwarzer Magie fließend waren: Denn was als betrügerisch gilt und was nicht, was als Wissenschaft anerkannt ist und was nicht, liegt im Ermessen der jeweiligen Gesellschaft. Peter Busch drückt diesen Sachverhalt sehr lapidar aus: „Magie ist das, was die Menschen eines bestimmten Milieus unter Magie eben verstehen."[4] Und weiter: „Magie ist das, was die jeweiligen Autoren unter Magie verstehen."[5]

Den Sachverhalt, dass es verschiedene Vorstellungen von Magie gab und Vorstellungen von weißer und schwarzer Magie existierten, spiegelt auch das

---

[1] Busch, Peter, Magie in neutestamentlicher Zeit, Göttingen 2006, S. 17.
[2] Harmening, Dieter, s.v. Magie, TRE 21 (1991), S. 696.
[3] Vgl. Klauck, Hans-Josef, Die religiöse Umwelt des Urchristentums I, Stuttgart 1995, S. 170.
[4] Busch, Peter, Magie in neutestamentlicher Zeit, S. 18.
[5] Ebd.

verwendete griechische Vokabular wider: Das Wort μάγος besitzt eine semantische Ambivalenz. Zum einen ist mit μάγος der Magier[6] gemeint, zum anderen versteht man hierunter im poetischen Sinne auch einen Scharlatan, einen Betrüger.[7] Der Begriff Magie ist also nicht ohne weiteres definierbar, er besitzt mehrere Facetten. Auch spielt die kulturelle Sichtweise auf die Magie und der Kontext, in dem sie verortet ist, eine erhebliche Rolle. Deshalb sollen im nächsten Schritt als magisch geltende Zeugnisse beleuchtet werden. Sie sollen einen Einblick geben, wie Magie in der Antike, speziell in der Zeit des NT, praktiziert wurde und was sie bezwecken sollte. Es soll also darum gehen, den Begriff Magie mit konkreten Inhalten zu füllen, um sich dem Phänomen weiter zu nähern und die angestellten Überlegungen zu vertiefen.

1.1 Amulette

Die Antike war geprägt von einer stetigen Angst vor höheren Mächten: Die Menschen fühlten sich unwillkürlicher Angriffen des Übernatürlichen (δεισιδαιμονία) ausgesetzt, weshalb sie ein großes Bedürfnis nach Schutz und Behütung vor diesen hatten.[8] Hieraus entwickelten sich die Amulette als apotropäische, also Unheil abwehrende, Schutzzauber. Eine breite Palette an archäologischen Zeugnissen bestätigt die Annahme, dass die Menschen in der Antike in einer stetigen Angst von Angriffen durch Dämonen, Geistern oder ähnlichem lebten.[9] Exemplarisch soll hier nun auf ein Goldamulett eingegangen werden, indem die Dämonenangst zum Ausdruck kommt: die *lamella bernensis*. Hierbei handelt es sich um ein magisches Schutzamulett aus dem 5. Jhd. n.Chr.[10] Im Folgenden wird eine Passage aus dem Amulett Text wiedergegeben werden:[11]

„Alle ihr männlichen und weiblichen Dämonen und alle ihr Zaubermittel und Bindezauber: flieht weg von Leontios, der dieses Amulett trägt; vielmehr unter die Quellen und den Abgrund geht weg und schadet nicht (…)" und weiter: „ Ihr also, Ihr gewaltigsten Mächte: verleiht Sieg; helft dem, der dieses leibbewahrende (Amulett) trägt, Leontios, von Ewigkeit zu Ewigkeit, amen."[12]

---

[6] Magier ist hier nicht im heutigen Sinne zu verstehen, sondern gemeint ist ein Mitglieder der persischen Priesterkaste, das sich mit Wissenschaft, Traumdeuterei und zauberischen Künsten beschäftigte, Vgl. auch Mt 2,1.

[7] Vgl. Klauck, S. 171 und Gemoll, Wilhelm, Griechisch-Deutsches Schul-und Handwörterbuch, München [9]1997, S. 481. Darüber hinaus wurde für die Bedeutung des Schwindlers auch das Wort γόης verwendet, was ebenfalls Zauberer im Sinne von Betrüger meint. Vgl. Klauck, S. 171. Zur Verdeutlichung des ambivalenten Magier-Begriffs s. Philo, Spec. Leg 3, 100f.

[8] Vgl. Busch, Peter, S. 25.

[9] Vgl. ebd. S. 26 – 28.

[10] Vgl. Gelzer,Thomas u.a.,Lamella Bernensis, (Beiträge zur Altertumskunde 124), Stuttgart 1999, S. 3.

[11] Eine nähere Beschreibung der LB findet sich ebd. S. 3 – 12.

[12] Ebd. S. 44.

4

Der Textausschnitt bildet den Abschluss der Amulett-Inschrift. Auffällig sind zwei Beobachtungen: Zum einen lässt sich ein expliziter Ausfahrbefehl an die Dämonen finden, die den Träger (in diesem Falle Leontios) potentiell befallen könnten. Augenscheinlich handelt es sich bei diesem Amulett um ein „exorzistisches Amulett" (diese Beobachtung wird im exegetischen Teil der Arbeit noch eine Rolle spielen).[13] Daraus lässt sich die zuvor angestellte These, dass es sich bei Amuletten häufig um apotropäische Schutzzauber handelt durchaus bestätigen.[14] Zum anderen lässt sich als Abschlussformel eine typisch christliche Akklamation finden: „(…) von Ewigkeit zu Ewigkeit, amen."[15] Hieraus lässt sich ein Synkretismus ableiten: Pagane Elemente werden mit (hier) christlichen Vorstellungen vermischt, was nicht als anstößig empfunden wurde.[16] Allerdings ist interessant, dass es eine solche Praxis überhaupt gibt, denn verstößt sie in diesem Falle doch eindeutig gegen das Ein-Gott-Gebot aus dem Dekalog (Ex 20,3). Allerdings wurde vermutlich davon ausgegangen, „dass ein Zauber desto sicherer wirkte, je mehr Ingredienzien in ihm zur Geltung kämen."[17] Mit Hinblick auf die Fragestellung dieser Arbeit wird nun geprüft, wie diese Amulettpraxis in biblischen Zeugnissen beurteilt wird. Hierfür gibt es im NT nur ein einziges explizites Zeugnis in Mt 23,5: *Alle ihre Werke aber tun sie, damit sie von den Leuten gesehen werden. Sie machen ihre Gebetsriemen breit und die Quasten an ihren Kleidern groß.* In dieser Textstelle geht es um einen Weheruf Jesu gegen die Schriftgelehrten und Pharisäer. Der besondere Akzent liegt auf dem von Luther als „Gebetsriemen" übersetzten Wort: Griechisch wird hier von φυλακτήρια gesprochen, was mit „Amulett" übersetzt werden kann. Somit werden die jüdischen Gebetsriemen negativ mit einer magischen Praxis konnotiert.[18] Das unterstreicht auf der einen Seite, dass der antike Leser des Textes mit einem φυλακτήρον grundsätzlich etwas anfangen konnte. Es kann also unterstellt werden, dass es sich bei der Amulettpraxis um einen durchaus gängigen Brauch handelte. Auf der anderen Seite ist hier die negative Konnotation, bedingt durch den Kontext und die Tatsache, dass es im NT nur ein explizites Zeugnis von Amuletten gibt, interessant: Aus christlicher Sicht muss die Amulettpraxis nicht weiter thematisiert werden, da die christliche Theologie Alternativen zu den Schutzamuletten bietet. Der Schutz vor dem Bösen, wird durch soteriologische und pneumatische Ansätze in gewisser Weise garantiert (vgl. Röm 5 und Röm 8, 31-39).[19] Aber auch ein apotropäisches, vor kosmischen Mächten

---

[13] Ebd. S. 62.
[14] Vgl. ebd. S. 61.
[15] Vgl. ebd. S. 62.
[16] Vgl. ebd.
[17] Ebd.
[18] Vgl. Busch, Peter, S. 29.
[19] Vgl. ebd. S. 29 – 30.

schützendes Taufverständnis, wie in 1 Petr, 3,21 f., deckt die Intention von Amuletten ab und macht sie aus christlicher Sicht obsolet. Allerdings ist anzumerken, dass, wie bereits angesprochen, die christlich-theologischen Vorstellungen sich nicht mit der volksreligiösen Praxis decken müssen. Es kann davon ausgegangen werden, dass frühe Christen durchaus entgegen der christlichen Theologie, Schutzamulette getragen haben.[20]

1.2 Defixione

Unter Defixione oder auch Fluchtäfelchen („curse tablets"[21]) versteht man sogenannte Bindezauber, die „zumeist als Einritzungen auf Metalltäfelchen überliefert"[22] sind. Die heute erhaltenen Zeugnisse sind meist aus Blei gefertigt, da es sich hierbei um ein dauerhaftes und vor allem auch weiches, leicht zu bearbeitendes Material handelt.[23] Darüber hinaus wurde Blei gerade in der Spätantike als „Inbegriff der Schwere und Dumpfheit"[24] verstanden und in direkte Beziehung zu den unheilvoll wirkenden Planeten Kronos und Saturn gesetzt.[25] Bezeugt sind Defixione ca. vom 5. vorchristlichen Jahrhundert bis ca. zum 6. Jahrhundert unserer Zeit.[26] Wie der Name bereits impliziert, hatten solche Fluchtäfelchen das Ziel, einer bestimmten Person Unheil in verschiedensten Kontexten (etwa im Wettkampf, im Bereich kommerzieller Konkurrenz oder auch Konkurrenten vor Gericht)[27] zuzufügen. Da die gesamte Bandbreite von Defixionen und deren formgeschichtlichen Aspekten hier nicht erschöpfend behandelt werden kann[28], soll nur ein Beispiel näher besprochen werden, um eine ungefähre Vorstellung von eben solchen zu vermitteln:

„SEMESILAM DAMATAMENEUS IÊNNALLELAM LAIKAM ERMOUBELÊ IAKOUB IA IÔERBÊTH ÊÔMALTHABÊTH ALLASAN

A curse. I invoke you by the great names so that you will bind every limb and every sinew of Victoricus – the charioteer of the Blue team, to whom the earth, mother of every living thing, gave birth – and of his horses which he is about to race;(...) Bind

---

[20] Vgl. ebd. S. 30.
[21] Vgl. Jordan, D.R., A Survey of Greek Defixiones not included in the Special Corpora, Greek, Roman and Byzantine Studies 26/1 (1985), S. 151.
[22] Vgl. ebd. S. 31.
[23] Vgl. Klauck, Hans-Josef, S. 179.s
[24] Busch, Peter, S. 31.
[25] Vgl. ebd.
[26] Vgl. Jordan, D.R., A Survey of Greek Defixiones, S. 151.
[27] Vgl. Busch, Peter, S. 33.
[28] Einen knappen Überblick über die Formgeschichte und die Bandbreite an Defixionen bietet Busch, Peter, Magie in neutestamentlicher Zeit, S. 36 – 40 und Preisendanz, Karl, s.v. Fluchtafel (Defixion), RAC 8 (1972), S. 2-30.

their legs, their onrush, their bounding, and their running; blind their eyes so that they cannot see and twist their soul and heart so that they cannot breath. "[29]

Diese Fluchtafel stammt aus dem römischen Karthago und wird auf das 1.-3. Jahrhundert datiert. Sie wurde in einem römischen Beamtengrab mit sechs anderen Tafeln gefunden. Die Tafel ist in zwei Bereiche eingeteilt: Zuerst werden eine Vielzahl von Zaubernamen genannt. Im zweiten Teil werden nicht näher beschriebene Dämonen („I invoke you") beschworen, die den im zweiten Teil angesprochenen Wagenlenker Victoricus hemmen sollen. Es ist auffällig, mit welcher Präzision das Schicksal, das den Wagenlenker ereilen soll, beschworen wird. Busch konstatiert, dass die Nennung der Zaubernamen eine gewisse Tradition voraussetzt. So würde der zweite genannte Zaubername zu den besonders wirkmächtigen Namen zählen.[30] Was lässt sich nun weiter aus diesem Ausschnitt in Bezug auf die Anwendung von Magie und die gesellschaftlichen Hintergründe dieser herausziehen?

Ziel des Fluches ist der Wagenlenker und seine Pferde. Augenscheinlich ist dem Verfasser bzw. Auftraggeber dieser nicht weiter bekannt, er wird lediglich als „the charioteer of the Blue team" tituliert. Eine persönliche Bekanntschaft und somit eine persönliche Feindschaft lässt sich somit nahezu ausschließen. Es ging vordergründig wohl darum, der Mannschaft des Wagenlenkers per Fluch zu schaden, um daraus seinen eigenen Nutzen zu ziehen (hier würde das antike Wettwesen einen Referenzrahmen bilden).[31]

Somit sind nicht nur persönliche Aversionen, die aus heutiger Sicht sicherlich entscheidend wären, Gründe für Flüche, sondern auch gesellschaftliche Umstände spielten eine große Rolle. Weiter lässt sich aus dieser kurzen Quellenbetrachtung ableiten, dass es für die Erstellung solcher Fluchtafeln eine fundierte Kenntnis der Zaubernamen bedarf, was wiederum eine Art Professionalisierung und eine Tradition voraussetzt und somit den langfristigen und auch weitverbreiteten Charakter von Magie in der Antike unterstreicht.

1.3 Zauberpapyri

Die sogenannten griechischen Zauberpapyri (PGM) stellen Fragmente der antiken Zauberliteratur dar. Sie sind Teile von Zauberbüchern, also gewissermaßen Zauberspruchsammlungen, auf die der professionelle Magier zurückgreifen konnte.[32]

---

[29] Gager, John, G., Curse Tablets and Binding Spells from the Ancient World, Oxford 1992, S. 65 – 66.
[30] Vgl. Busch, Peter, S. 34.
[31] Vgl. ebd. S. 35.
[32] Vgl. ebd. S. 45 und Klauck, Hans-Josef, S. 181.

Diese Art von Literatur war sehr weit verbreitet in der Antike, gerade auch in der Zeit des NT.[33] Neben Zaubersprüchen findet sich unter den Papyri auch eine Vielzahl von Anleitungen für magische Riten oder auch „Rezepte" für die Fertigung von z.b. Defixionen (PGM 7, 396-404). Gerade die Zauberpapyri geben Aufschluss über die magischen Vorstellungen und auch in gewisser Weise über die Lebensumstände antiker Gesellschaften, gerade weil es sich nicht nur um eine Literaturgattung der damaligen Eliten handelte.[34]

Wie in Kapitel 1.2 kann hier kein idealtypischer Aufbau der Zauberpapyri dargestellt werden, sondern sollen auch hier ausgewählte Quellen die Vielschichtigkeit der Papyri und ihre Bedeutung unterstreichen.[35]

„An excerpt of enchantments from the holy book called Hermes, found in Heliopolis in the innermost shrine of the temple, written in Egyptian letters and translated into Greek.
Enchantment [spoken] three times over apples.

[…]
For headache: Osiris has a headache; Ammon has a headache at the temples of his head; Esenephthys has a headache all over her head. May Osiris headache not stop, may Ammon´s headache at the temples of his head not stop, until/first he, NN, stops everything…"[36]

Dieses PGM stammt aus der Zeit des Kaiser Augustus und wurde in Ägypten gefunden. Es ist also ein Zeugnis davon, dass Zauberliteratur sich auch zur Zeit Jesu nachweisenn lässt.[37] Der Inhalt behandelt einen Zauberspruch, der die genannte Person (NN) heilen soll. Das Verfahren, was hier gewählt wird, ist interessant: Zum einen hat dieser Spruch etwas mit Äpfeln zu tun, die vermutlich zusätzlich zur magischen Praxis und zu dem Zauberritual dazugehörten. Es geht also bei magischen Handlungen augenscheinlich auch darum, Gegenstände auf eine gewisse Art und Weise während des Sprechaktes zu benutzen, was dem Zauberspruch möglicherweise erst seine Wirkung gibt. Zum anderen wird den Göttern gedroht, dass sie vom Kopfschmerz heimgesucht werden sollen, bis NN geheilt worden ist.[38] Ägyptische Gottheiten werden persönlich angesprochen und es wird ihnen aktiv Leid angedroht, wenn sie nicht so handeln, wie der Magier es beabsichtigt. Es lässt sich in diesem konkreten Falle also ein Ursache-Wirkungsverhältnis, oder genauer, eine Wirkabsicht von Magie

---

[33] So schreibt Sueton in seiner Augustus-„Biographie", dass Augustus 2.000 Rollen magischer Literatur geordnet hätte. Darüber hinaus sei auch auf Apg 19, 19 verwiesen, Vgl. Betz, Hans Dieter, The Greek magical Papyri in translation, Chicago ²1992, S. XLI.
[34] Vgl. ebd.
[35] Eine recht gute, wenn auch stark simplifizierte, Übersicht des idealen Aufbaus der Zauberpapyri liefert Klauck, Hans-Josef, S. 182 – 183.
[36] PGM CXXII, 1 – 5 , 52 – 56.
[37] Vgl. Busch, Peter, S. 48.
[38] Vgl. Betz, Hans, S. 317.

ableiten. Dieser Punkt wird in II.2 noch eine Rolle spielen. Darüber hinaus ist interessant, dass in der Quelle bereits von Zaubersprüchen (ἐξαγωγὴ ἐπῳδῶν) die Rede ist.

Es gab folglich eine eigene Wahrnehmung von Zauberei und Magie, es lässt sich sogar eine Art Fachsprache feststellen.[39] Diese Fachsprache findet sich auch in einer Vielzahl anderer Papyri und es ist feststellbar, dass sich die Fachtermini an der griechischen Alltagssprache orientierten. So besteht die Magie auf Basis der Zauberpapyri aus einer magischen Praxis (πράσσω, vollbringen/tun) und dem eigentlichen Zauberspruch, einem Logos (λόγος, das Wort).[40] Dieser Dualismus aus Tat und Wort ist auch aus der vorgestellten Quelle ableitbar. In der Fachsprache gab es ebenfalls Bezeichnungen für bestimmte magische Handlungen: Ein Liebeszauber wurde Philtron (φιλέω, lieben) genannt, die Herbeiführung eines Dämons war eine Agoge (ἀγώ, führen). Für diese Arbeit vor allem interessant ist der sogenannte Exorkismos (ὁρκίζω. Beschwören): eine Dämonen- bzw. Götterbeschwörung. Inwiefern dieser Begriff eine Rolle in neutestamentlichen Wundergeschichten eine Rolle spielt, wird noch zu zeigen sein.[41] Zuletzt soll in diesem Schritt nochmals der hohe Grad von Professionalisierung innerhalb des Magierwesens aufgegriffen werden und anhand der *voces mysticae* verdeutlicht werden. Unter diesen „geheimnisvollen Worten" werden „semantisch sinnlose Lautfolgen"[42] verstanden, die häufig auch mit Graphiken versehen gewesen sind oder selbst graphisch notiert werden sollten.

„a	ôôôôôô
ee	yyyyyy
êêê	ooooo
iiii	iiii
ooooo	êêê
yyyyyy	ee
ôôôôôô	a

Und nimm die Milch und trink sie mit dem Honig weg vor Sonnenaufgang, (sic!)und es wird etwas Göttliches in deinem Herzen sein. Und nimm den Habicht und stell ihn in einem Tempel von Wachholderholz auf und bekränze eben diesen Tempel und stell eine Mahlzeit hin [...] und zwar sprich folgendes Gebet: a, ee, êêê, iiii, ooooo, yyyyyy, ôôôôôô, komm zu mir, guter Landmann, Guter Dämon Hôros-Knuphi (ZW)."[43]

Bei den eingangs dargestellten Vokalreihen handelt es sich um *voces mysticae*. Es wird deutlich, dass diese auch im griechischen Original keinen Sinn ergeben, sondern dieser sich letztlich darin begründet, dass es bei dem Verkehr mit Gottheiten und Dämonen

---

[39] Vgl. Becker, Michael, S. 48.
[40] Vgl. ebd.
[41] Mit dieser Kategorisierung der Zauberpapyri ist das weite Feld sicherlich nicht erschöpfend behandelt, Einen guten Überblick liefert Busch, Peter, S. 45 – 81.
[42] Klauck, Hans-Josef, HS. 183.
[43] PGM I 13-23, 26-27.

einer übermenschlichen Sprache bedarf, die durch diese Zauberworte geschaffen wurde.[44] Auch werden hierdurch vermeintlich mächtige Namen geschaffen, die nochmals unterstreichen sollen, dass der Magier hier mit höheren, fremden Mächten verkehrt (die Quelle beinhaltet einen solchen Name, er ist gekennzeichnet mit ZW).

Busch führt noch einen sehr pragmatischen Grund für die Nennung der Namen an: „Es machte anscheinend auf die Kunden der Magier großen Eindruck, wenn sie die von diesem gemurmelten Worte eben nicht verstehen konnten – dies unterstrich in der Kommunikationssitutation mit dem Kunden den Eindruck der exklusiven Professionalität des Magiers."[45]

Die Zeugnisse geben nun einen konkreten Einblick, wie breit gefächert das Gebiet der Magie verstanden und auch praktiziert worden ist. Die Menschen in der Antike projizierten persönliche Wünsche, Hoffnungen und Ängste auf die Magie, wie etwa „Glück in der Liebe" oder auch Erfolg bei Wettstreiten oder ähnlichem. Sie erhofften sich durch ihre Verwendung eine Verbesserung der eigenen Lebensumstände. Durch Einblicke in die Quellen konnte sich in diesem Kapitel zumindest ansatzweise ein Bild davon gemacht werden, welchen Stellenwert die Magie in der Lebenswelt der damaligen Menschen hatte: Sie deckte einen großen Bereich des alltäglichen Lebens ab und stellte sich, was die Untersuchung der Zauberpapyri besonders gezeigt hat, als sehr ausdifferenziert und professionalisiert dar. Auch tauchen immer wieder synkretische Aspekte innerhalb der magischen Praxis auf: christliche und heidnische Elemente wurden miteinander verwoben.

Diese hier entworfene Vorstellung von Magie führt zu einem grundlegenden Problem für die Definition von Magie: Da magische Praktiken „existenzielle Anliegen [vertreten], die analog auch im ‚religiösen' Bereich aufgegriffen werden[46], stellt sich nun die Frage, wie Magie und Religion voneinander abzugrenzen sind bzw. diachron ausgedrückt, wie das Verhältnis von Magie und Religion sich für die Menschen der Antike darstellte. Dieser Frage soll nun im nächsten Abschnitt nachgegangen werden.

2. Das Verhältnis von Magie und Religion

Einleitend wurde bereits auf die Definitionsproblematik des Begriffes Magie eingegangen. Im Folgenden soll es nun um eine Verhältnisbestimmung von Magie und Religion gehen: Es hat sich herausgestellt, dass beide Begriffe durchaus eine Schnittmenge besitzen. Es ist also die Aufgabe zu erläutern, wie sich Magie und Religion zueinander verhalten.

---

[44] Vgl. Klauck, Hans-Josef, S. 184.
[45] Busch, Peter, S. 51.
[46] Becker, Michael, Die „Magie Problematik in der Antike, ZRRG 54 (2002), S. 12.

Es gibt verschiedene Möglichkeiten und Ansätze dieses Verhältnis zu bestimmen. Der für die Forschung grundlegende Gedanke von W.J. Goode entwickelt einen bipolaren Ansatz, der sowohl von Distinktionen zwischen Magie und Religion ausgeht als auch gewisse Ähnlichkeiten postuliert. Die Rezeption dieses Modells hat allerdings dazu geführt, dass die Distinktionen mehr Aufmerksamkeit erhielten und die Ähnlichkeiten ausgeklammert wurden, wie das beispielsweise bei dem Neutestamentler Hans-Josef Klauck der Fall ist:

Magie[47]		Religion
1.	Orientiert an konkreten Zielen	Eher orientiert am allgemeinen Wohlergehen
2.	Neigung zur Manipulation der Gottheit	Neigung zur Bitte und Gnädigstimmung der Gottheit
3.	Fachmann – Klient Beziehung	Hirte – Herde bzw. Prophet – Anhänger Beziehung
4.	Individuelle Ziele	Gruppenziel
5.	Ausführender ist ein Privatmann	Ausführender ist eine Gruppe oder deren Repräsentant(en)
6.	Der Ablauf enthält Ersatzhandlungen oder andere Techniken	Weniger instrumentell, mehr an der inneren Bedeutung des Rituals orientiert (…)
7.	Unpersönlich und wenig emotional	Emotional (Scheu, Verehrung)
8.	Der handelnde entscheidet, *ob* der Prozeß (sic!) in Gang gesetzt wird	Das Ritual *muß* (sic!) ausgeführt werden, da es zur Struktur des Universums gehört
9.	Der Handelnde entscheidet, *wann* der Prozeß (sic!) beginnt	Das Ritual erfolgt in der Regel zu einer festgesetzten Zeit
10.	Magie wird als zumindest potentiell gegen die Gesellschaft oder ihre Repräsentanten gerichtet	Religion ist integrativ, führt zur Gemeindebildung
11.	Ist zweckorientiert	Trägt ihren Sinn in sich selbst, ist Selbstzweck

Tabelle 1: Unterscheidung von Magie und Religion nach Klauck

---

[47] Klauck, Hans-Josef, S. 174-175.

Diese vorgestellten Oppositionspaare sollen sich nach Klauck als „Endpunkte auf einer verbindenden Linie"[48] vorgestellt werden. Er vertritt eine Art Kontinuum zwischen Magie und Religion. Innerhalb dessen und ausgehend von den Endpunkten wird sich je nach Faktor weiter von der Magie in Richtung der Religion entfernt und umgekehrt.[49] Hier steckt die Stärke des Modells: In Anlehnung an die zuvor erarbeiteten Ergebnisse kann davon ausgegangen werden, dass Magie und Religion in einer wechselseitigen Beziehung zueinander stehen und deshalb von einer Art Kontinuum gesprochen werden kann. Allerdings ist der bewusst sehr allgemein gehaltene Versuch, das Verhältnis von Magie und Religion vor allem durch Abgrenzung zu bestimmen, nicht allzu tragfähig: er scheitert an seiner Allgemeinheit. Sowohl der Begriff der Religion, als auch der Begriff der Magie werden hier nur „in the weak sense"[50] verstanden und das führt dazu, dass das Modell, gemessen an konkreten Beispielen, nicht haltbar ist.[51] Beispielsweise mahnt der Theologe John O´Keefe an, dass

„Goode contrasts religious festivals which allegedly have fixed times, with magical rites that do not. No such distinction is even tenable, according to Hubert and Mauss´ investigations, which show that magical ceremonies often have their appropriate times and places, just like religious rites."[52]

Im konkreten Fall lässt sich beispielsweise auch das zweite Oppositionspaar nicht halten: Inwiefern sind Fürbitten, eindeutig religiös verortet, als nicht manipulativ zu verstehen? [53]Nach diesem schwarz-weiß Muster wäre es auch unproblematisch, die Exorzismen Jesu als magische Handlungen zu interpretieren: Der Dämon wird gezwungen auszufahren (oder die Bitte wird an eine Gottheit gewandt, dass sie dafür sorgen möge, dass der Dämon ausführe).[54] Deshalb ist es notwendig weitere Ansätze zu untersuchen, die sich auf das zuvor festgestellte Kontinuum beziehen. O´Keefe nennt diese Kategorie „Class Inclusion Theories"[55] Es geht hierbei darum, sich die Dynamik, die einer situativen Verhältnisbestimmung unterliegt, bewusst zu machen, also neben einseitigen – vor allem theologischen – Bestimmungen sozialwissenschaftliche Überlegungen miteinzubeziehen.[56] So ist einerseits gewährleistet, dass sich „magische und religiöse Aspekte als je differente Erscheinungen berühren und überlagern, ohne in wechselseitiger Identität

---

[48] Ebd., S. 174.
[49] Ebd.
[50] O´Keefe, Daniel Lawrence, Stolen Lightning, New York 1983, S. 233.
[51] Vgl. Becker, Michael, S. 5.
[52] O´Keefe, S. 232.
[53] Vgl. Busch, Peter, S. 14.
[54] Vgl. Busch, Peter, S. 14.
[55] O´Keefe, S. 233.
[56] Vgl. Becker, Michael, S. 5.

aufzugehen"[57], andererseits ist es dennoch möglich, genuin religiöse und magisch verstandene Phänomene abzuleiten.[58] O´Keefe versucht in seinen Überlegungen das Verhältnis von Magie und Religion so zu bestimmen, dass es nicht zu einer statischen schwarz-weiß Zuordnung kommt. Er definiert vier verschiedene Prozesse: „Expulsion", „Growing complexity", „Social conflict and change" und „sheer expropration".[59] Diese vier Prozesse verneinen eine einfache Überlappung von Magie und Religion. Da sie kulturelle und gesellschaftliche Entwicklungen im Blick haben, wird das Verhältnis als ein dynamisches dargestellt. Es wird nicht angenommen, dass Magie und Religion sich *irgendwie* bedingen, sondern es wird versucht, durch die Nachzeichnung eben solcher Prozesse zu erklären, wie sich *das Verhältnis* unter verschiedenen Voraussetzungen *verändert*. Der „Expulsion"-Prozess verdeutlicht, dass Religion Magie verdrängt. Insbesondere schwarzmagische Vorstellungen, Rituale und Handlungen werden von der Religion verstoßen. Hierbei handelt es sich oft um Relikte vergangener Religionen, die von der nun vorherrschenden als minderwertig abgesondert werden.[60] „Growing complexity" beschreibt Diffusionsprozesse in die Religion hinein, etwa durch Riten benachbarter Gesellschaften oder auch Subkulturen großer Religionen, die dann auf eine gewisse Art und Weise innerhalb des Komplexes von Religion greifbar sind, allerdings durch die religiöse Gemeinschaft als Magie wahrgenommen werden.[61] Von kulturellen Umbrüchen innerhalb einer Gesellschaft geht der Prozess des „social conflict and change" aus. Es wird als Beispiel der Wechsel von einer patriarchalischen zu einer martialischen Kultur angeführt: Frühere, als religiös angesehene Rituale werden beibehalten und weiterentwickelt und finden so ihren Platz innerhalb der sie unterdrückenden, vorherrschenden Religion. Oft wird eine solche Beibehaltung als verunglimpfende Imitation durch Angehörigen der vorherrschenden Religion aufgefasst oder auch als direkte Feindschaft dieser gegenüber wahrgenommen.[62] Ähnlich verhält es sich bei dem „sheer expropriation: Hier gewinnt das Moment der Adaption religiöser Riten durch Magier an Bedeutung. Gegenüber dem „social conflict and change" -Prozess ist hier der Akzent anders gesetzt: Hier geht es darum, dass Personen(-verbände) aus der Religion heraus Riten übernehmen, kopieren und sie magisch gestalten. O´Keefe stellt hier die Vermutung an, dass es in einem solchen Fall durchaus vorkommen kann, dass diese Magier vorher

---

[57] Ebd.
[58] Ebd.
[59] O´Keefe, S. 237.
[60] Vgl. ebd., S. 237.
[61] Ebd.
[62] Ebd.

Positionen innerhalb der religiösen Gemeinschaft hatten, noch bevor dort Priester auftraten.[63]

Die hier beschriebenen Prozesse haben, neben dem Bezug auf kulturelle Hintergründe und Begebenheiten, gemeinsam, dass Magie hier immer als durch die Religion mehr oder weniger negativ konnotiertes Phänomen wahrgenommen wird. Magie verhält sich aus der Sicht der Religion abweichend zu der gesellschaftlich religiös gesetzten Norm. Deshalb soll abschließend noch ein letzter Ansatz, der gleichzeitig einer in der Forschung meist diskutierteste ist,[64] hinzugenommen werden: David Aune entwickelt in seinem richtungsweisenden Aufsatz *Magic in Early Christianity* zwei Ansätze, wie Magie definiert werden kann. Diese Ansätze „berücksichtigen inhaltlich wie formale Aspekte, implizieren einen relationalen Situationsbezug und verorten das Phänomen im Horizont historischer Ansätze primär innerhalb einer Matrix religiöser Traditionen."[65] Hinzu kommt, dass sich Aune, wie bereits oben angedeutet, der soziologischen Theorie der Devianz bedient, um Magie als Phänomen zu erklären: „magic is defined as that form of religious deviance whereby individual or social goals are sought by means alternate to those normally sanctioned by the dominant religious institution." Und weiter: „goals sought within the context of religious deviance are magical when attained through the management of supernatural powers in such a way that results are virtually guaranteed."[66]

Der erste Teil dieser Magie-Definition stellt den Handlungsaspekt von Magie ins Zentrum der Betrachtung und richtet den Blick auf eine Ziel-Mittel-Relation und deren Bewertung durch die Gesellschaft.[67] Diese Relation wird im zweiten Definitionsteil dann erheblich konkretisiert: Magie bedient sich übernatürlicher Kräfte, deren Ziele bzw. Ergebnisse dann als quasi garantiert gelten.[68] Bei näherer Betrachtung fällt auf, dass Aune, wie er auch selbst feststellt,[69] durchaus Betrachtungen von Goode miteinbezieht. Allerdings bezieht Aune neben dem strukturell-funktionalistischen Ansatz auch die soziale Devianz mit ein. Die Beurteilung und die Normen der jeweilig betrachteten Gesellschaft werden mit in die Magie-Definition einbezogen, sodass der Magie-Religion-Komplex einen dynamischen Charakter erhält. Eine Schwäche an diesem Modell ist der angenommen alternierende Charakter. Es greift nur dort, wo Strukturen von *offizieller* Religion und einer ihr gegenüberstehenden magischen

---

[63] Ebd.
[64] Vgl. Becker, Michael, S.18.
[65] Ebd.
[66] Aune, David E., Magic in Early Christianity, ANRW II.23.2 (1980), S. 1515.
[67] Vgl. Becker, Michael, S. 18.
[68] Vgl. ebd.
[69] Vgl. Aune, David E., S. 1515.

Opposition vorhanden. In komplexeren Systemen, wie beispielsweise in „polytheistischen Religionen ohne streng hierarchische Verhältnisbestimmung der Götterwesen",[70] kann eine solche Grenzziehung sicherlich schwerer fallen.

3. Zusammenfassung

Was bleibt nun abschließend zur Verhältnisbestimmung zwischen Magie und Religion zu sagen? Es ist deutlich geworden, dass Magie nur innerhalb eines komplexen kulturellen und gesellschaftlichen Komplexes verstanden werden kann und das auch nur im Zusammenhang mit der Religion: Magie und Religion bilden eine Art Kontinuum, das sich aus kulturellen und gesellschaftlichen Prozessen erklären lässt. Man könnte sogar so weit gehen, anzunehmen, dass es ohne Religion keine magischen Phänomene geben kann.[71] Gerade der sich auch in den Zeugnissen immer wieder ableitbare Synkretismus aus verschiedenen religiösen Systemen festigt diese Annahme. Ob etwas magisch ist, wie in 1. bereits angedeutet, hängt sehr stark von der Sichtweise der jeweiligen Gesellschaft ab. Hier greift Aunes Ansatz, dass Magie innerhalb eines kulturellen und gesellschaftlichen Komplexes als deviantes Verhalten angesehen werden kann. Allerdings kann eine abschließende, universale Verhältnisbestimmung nicht gegeben werden. Magische Vorstellungen und deren Beziehung zum jeweiligen Religionskomplex stellen sich als so vielschichtig und auch unterschiedlich dar, dass es immer davon abhängt, welche Perspektive eingenommen wird. Dieses wird ersichtlich durch sowohl die eingangs angestellten Überlegungen hinsichtlich der Wortbedeutung, aber auch durch die Vielschichtigkeit der Zeugnisse und auch der verschiedenen Theorien zur Verhältnisbestimmung. Peter Busch bringt diese Beobachtung auf den Punkt: „Magie ist damit also keine überzeitlich definierbare Erscheinung [...], sondern ein soziales Phänomen, hängt damit also von Glaubensmustern und damit unhinterfragten Meinungen soziologischer Bezugsgrößen ab. Was sich in religiösen Dingen gegen das Üblich richtet, wird als Magie bezeichnet."[72]

Hinsichtlich des exegetischen Charakters dieser Arbeit ist es sinnvoll abschließend einige Parameter abzuleiten, die magische Phänomene greifbarer machen: Die Verhältnisbestimmung und auch die Betrachtung von magischen Zeugnissen haben gezeigt, dass es sich bei magischen Phänomenen (die komplexe Beziehung nun ausgeklammert) um Praktiken mit einem manipulativen Charakter handelt, die sich

---

[70] Becker, Michael, S. 19.
[71] Vgl. ebd. S.1516.
[72] Busch, Peter, S. 16.

übernatürlicher Kräfte bemächtigen und dass es eine Erfolgsgarantie gibt.[73] Diese Parameter sollen im letzten Teil der Arbeit noch eine Rolle spielen.

---

[73] Vgl. Becker, Michael, S. 19.

III   **Exegese unter besonderer Berücksichtigung der Traditionskritik von Mk 5,1-20**

1. Verssegmentierung

Als Basis für die nachfolgende exegetische Arbeit an Mk 5, 1 -20 wird im ersten Schritt eine Verssegmentierung[74] durchgeführt. Der in diesem Schritt neu-segmentierte Text soll dann als Basis für die nachfolgende Exegese dienen. Als Textbasis wird die Bibelübersetzung nach Luther gewählt.[75] Bei der Verssegmentierung wird sich an der vorliegenden Struktur der Verse orientiert. Die Neueinteilung achtet auf Hypo-und Parataxen und soll zugleich eine Einteilung in Sinnabschnitte erreichen, sodass es dazu kommen kann, dass verschachtelte Hypotaxen getrennt werden. Es wird also vordergründig darum gehen, eine syntaktische Segmentierung durchzuführen. Hierdurch soll gewährleistet werden, dass die Sinnrichtung des Verses deutlich abgebildet wird. Solche Trennungen werden durch eine besondere Kennzeichnung kenntlich gemacht (Bsp: V1a[1], V1b[2] etc.). Neben den vorliegenden Satzkonstruktionen wird darüber hinaus auf Konjunktionen und Verbhäufungen geachtet werden, die zu einer Neueinteilung führen können, da sie eine neue Sinnrichtung vermuten lassen. Durch zusätzliches Einrücken der Verse soll die syntaktische Struktur der Perikope nochmals hervorgehoben werden.

Unter Anwendung dieser Regeln stellt sich der neu-segmentierte Text wie folgt dar:

1 Und sie kamen ans andre Ufer des Sees in die Gegend der Gerasener.
     2a[1] Und als er aus dem Boot trat,
2a[2] lief ihm alsbald von den Gräbern her ein Mensch entgegen mit einem unreinen Geist,
     3a der hatte seine Wohnung in den Grabhöhlen.
3b[1] Und niemand konnte ihn mehr binden,
     3b[2] auch nicht mit Ketten;
4a denn er war oft mit Fesseln und Ketten gebunden gewesen
4b[1] und hatte die Ketten zerrissen
4b[2] und die Fesseln zerrieben;
4c und niemand konnte ihn bändigen.
5a[1] Und er war allezeit,
     5a[2] Tag und Nacht,
5a[3] in den Grabhöhlen und auf den Bergen,
5b schrie und schlug sich mit Steinen.
     6a[1] Als er aber Jesus sah von ferne,
6a[2] lief er hinzu
6a[3] und fiel vor ihm nieder
7a und schrie laut:

[74] Das Vorgehen lehnt sich an die von Martin Ebner vorgeschlagene Vorgehensweise, vgl. Ebner, Martin, Heininger Bernhard, Exegese des Neuen Testaments, Paderborn [2]2007, S. 118-125.
[75] Die Bibel. Nach der Übersetzung Martin Luthers. Mit Apokryphen, revidierte Fassung von 1983, Stuttgart 2007.

7b^1 Was willst du von mir,
    7b^2 Jesus,
        7b^3 du Sohn Gottes,
            7b^4 des Allerhöchsten?
7c^1 Ich beschwöre dich bei Gott:
7c^2 Quäle mich nicht!
8a Denn er hatte zu ihm gesagt:
8b^1 Fahre aus,
    8b^2 du unreiner Geist,
  8b^3 von dem Menschen!
9a Und er fragte ihn:
9b Wie heißt du?
9c Und er sprach:
9d^1 Legion heiße ich;
9d^2 denn wir sind viele.
10a^1 Und er bat Jesus sehr,
    10a^2 dass er sie nicht aus der Gegend vertreibe.
11 Es war aber dort an den Bergen eine große Herde Säue auf der Weide.
12a^1 Und die unreinen Geister baten ihn
12a^2 und sprachen:
12b Lass uns in die Säue fahren!
13a Und er erlaubte es ihnen.
13b^1 Da fuhren die unreinen Geister aus
13b^2 und fuhren in die Säue,
13c^1 und die Herde stürmte den Abhang hinunter in den See,
    13c^2 etwa zweitausend,
13d und sie ersoffen im See.
14a^1 Und die Sauhirten flohen
14a^2 und verkündeten das in der Stadt
14a^3 und auf dem Lande.
14b^1 Und die Leute gingen hinaus,
    14b^2 um zu sehen,
        14b^3 was geschehen war,
15a^1 und kamen zu Jesus
15a^2 und sahen den Besessenen,
    15a^3 wie er dasaß,
15a^4 bekleidet und vernünftig,
    15a^5 den,
        15a^6 der die Legion unreiner Geister gehabt hatte;
15b und sie fürchteten sich.
16a^1 Und die es gesehen hatten,
    16a^2 erzählten ihnen,
        16a^3 was mit dem Besessenen geschehen war
        16a^4 und das von den Säuen.
17a^1 Und sie fingen an
17a^2 und baten Jesus,
    17a^3 aus ihrem Gebiet fortzugehen.
18a^1 Und als er in das Boot trat,
18a^2 bat ihn der Besessene,
    18a^3 dass er bei ihm bleiben dürfe.
19a^1 Aber er ließ es ihm nicht zu,
19a^2 sondern sprach zu ihm:
19b^1 Geh hin in dein Haus zu den Deinen
19b^2 und verkünde ihnen,
    19b^3 welch große Wohltat dir der Herr getan
    19b^4 und wie er sich deiner erbarmt hat.

20a[1] Und er ging hin
20a[2] und fing an,
20a[3] in den Zehn Städten auszurufen,
    20a[4] welch große Wohltat ihm Jesus getan hatte;
20b und jedermann verwunderte sich.

2. Kontextualisierung und Gliederung

Dieser zweite exegetische Arbeitsschritt ordnet die Perikope zunächst in ihren Gesamtkontext ein. Anschließend wird eine Gliederung der Perikope erarbeitet, die dann die Grundlage für die im nächsten Schritt durchzuführende Motivanalyse darstellt.[76]

Das Markusevangelium lässt sich grob in drei Hauptteile gliedern:
1. Jesu Wirken in und um Galiläa (1,1- 8, 26)

2. Jesu Weg zu Passion (8,27- 10,52)

3. Jesus in Jerusalem (11,1- 16,8)[77]

Diese dreiteilige Gliederung spiegelt die Komposition des Evangeliums hinsichtlich seiner zentralen theologischen Botschaft wieder: „Der auferstandene Christus ist kein anderer als der irdische, gekreuzigte Jesus von Nazareth."[78] Das Grundgerüst dieser Theologie ist die Gottessohnschaft Jesu, die in Mk 1,9 -11; 9, 7; 15,39 explizit genannt wird, die gleichermaßen Jesu göttliches Wesen und sein Leiden und Tod betont. Dieser Titel ist auf alle drei Hauptteile verteilt. Neben der Gottessohnschaft verdeutlicht das Motiv des Weges die theologische Absicht Markus´: Jesu Wirken spielt in unterschiedlichen Städten und Regionen und das ganze Evangelium bildet den Weg nach Jerusalem, also auf seinen Kreuzestod ausgerichtet, ab, sodass sich durch den Nachvollzug dieses Weges sich für Jünger und Leser der Weg der Nachfolge nachzeichnen lässt, der schließlich zum Heil führt.[79]

Kontextuell steht die zu analysierende Perikope im 1. Hauptteil, wo sie in den markinischen Themenblock[80] von Wundergeschichten (4,35-6,52) eingebettet ist. Innerhalb dieses Themenblocks ist *Die Heilung des besessenen Geraseners* an zweiter Stelle. Ihr unmittelbar voraus geht die Sturmstillung. Zu der unmittelbar vorher gehenden Perikope lässt sich ein Enger Bezug herstellen: Zum einen sind die beiden

---

[76] Da der Schwerpunkt der Arbeit auf der Traditionskritik liegt und der Umfang ein begrenzter ist, soll hier auf eine der Kontextualisierung und Gliederung vorausgehende ausführliche semantische und syntaktische Analyse verzichtet werden..

[77] Vgl. Schnelle, Udo, Einleitung in das Neue Testament, Göttingen [5]2004, S. 248.

[78] Ebd.

[79] Ebd. S. 249.

[80] Vgl. Bienert, David C., Bibelkunde des Neuen Testaments, Gütersloh 2010, S. 56.

Erzählungen auf einer thematischen Ebene miteinander verwandt (Wundergeschichten), zum anderen wird das Wassermotiv wieder aufgenommen und somit auf inhaltlicher Ebene (*Und sie kamen ans andere Ufer des Sees*) ein Bezug hergestellt. Zusätzlich wird durch die Konjunktion *und* auch auf sprachlicher Ebene ein enger Bezug hergestellt. Dass die Heilung aber nun doch neuen Stoff bietet, der sich von der Sturmstillung abgrenzt, wird durch das *Ankommen* (5,1) in einem anderen Gebiet (das der Gerasener) und das *Aussteigen* (5,2a^1) signalisiert. Die Perikope endet mit den Worten *Und alle staunten*. Hier findet die Erzählung ihren Abschluss und in V21 beginnt eine neue Erzählung, die ebenfalls wieder das Wassermotiv aufnimmt (*Und als Jesus wieder herübergefahren war im Boot*) und auch thematisch parallel läuft. Abgrenzen lässt sich die folgende Perikope wieder durch den Ortswechsel.

Der exegetischen Fachliteratur lassen sich verschiedene Möglichkeiten entnehmen die Perikope zu gliedern. Hier soll die Gliederung des Exegeten Peter Dschulnigg[81] vorgestellt und näher betrachtet werden. Er gliedert die Erzählung in fünf Teile:

1. V1-5b: Auftreten Jesu und des Besessenen + Charakterisierung der Not
2. V6a1-10a2: Anerkennung der Hoheit Jeus durch den Besessenen + erste Konzessionsbitte
3. V11-13d: Einführung der Schweineherde, zweite Konzessionsbitte, Konstatierung und Demonstration des Wunders
4. V14a^2-17a^3: Verhalten der Zeugen und Darstellung des Heilerfolgs (Kontrast zur Not in V2a^1- 5b)
5. V18a^1-20b: Verhalten des Geheilten, Hervorhebung der missionarischen Dimension

Die Gliederung orientiert sich bereits an dem Auftreten verschiedener Motive (s. 3.). Im ersten Teil tritt Jesus als Wundertäter auf und der Besessene wird unter Schilderung seiner Notlage eingeführt. Im zweiten Teil ist der Dialog zentrales Element. Es kommt zur Anerkennung der Hoheit Jesu. Hieraus resultieren die Nennung des Namens und die erste Konzessionsbitte. Durch ein aber werden der dritte Teil und die Schweineherde eingeführt. Es kommt zur zweiten Konzessionsbitte und zum Höhepunkt der Erzählung: Das Wunder wird demonstriert. Der vierte Teil schildert die Reaktion der Schweinhirten auf das Wunder und es wird der ehemals Besessene in Opposition zum ersten Teil beschrieben. Der abschließende fünfte Teil hat schließlich

---

[81] Vgl. Dschulnigg, Peter, Das Markusevangelium, (ThKNT Bd.2), Stuttgart 2007, S. 152-153.

20

einen starken Missionscharakter: Jesus trägt dem Geheilten auf, das ihm Widerfahrene zu verkünden.[82]

Zusammenfassend ist die *Die Heilung des besessenen Geraseners* in einen wundergeschichtlichen Themenkomplex eingebettet, der sich im 1. Hauptteil des Evangeliums findet. Durch das Aufgreifen übereinstimmender Motive lassen sich Bezüge zu der vorrausgehenden bzw. nachfolgenden Perikope herstellen, die allerdings durch die jeweils unterschiedliche Lokalisierung des Geschehens klar voneinander abgrenzbar sind.

Die Perikope kann anhand erster Überlegungen zur Motivstruktur in fünf Teile gegliedert werden. Diese Motivstruktur soll nun im nächsten Schritt näher analysiert werden.

3. Strukturanalyse

Dieser Arbeitsschritt wird in zwei Teilschritten vollzogen: Im ersten Schritt werden zentrale Motive in der Perikope herausgearbeitet und ein Motivgerüst/-repertoire konstruiert. Im zweiten Schritt sollen in Anlehnung an eine semantische Analyse zum einen Wortfelder und Schlüsselbegriffe erarbeitet werden auf zum anderen soll untersucht werden, ob sich semantische Oppositionen entdecken lassen.

3.1 Motivanalyse

Bevor eine Motivanalyse erfolgen kann, wird kurz definiert, was unter dem Begriff Motiv in dieser Arbeit verstanden wird. Es wird sich an Gerd Theißen orientiert, der davon ausgeht, dass es sich bei Motiven um kleinste abgrenzbare unselbstständige Erzähleinheiten handelt.[83]

In Anlehnung an die zuvor erarbeitete Gliederung wird nun in jedem Teil kurz untersucht, welche Motive erkennbar sind. Jedoch sei an dieser Stelle darauf hingewiesen, dass eine erschöpfende Motivanalyse im Rahmen dieser Arbeit nicht geleistet werden kann. Vielmehr soll versucht werden, sich auf zentrale und aussagekräftige Motive zu konzentrieren. Hierdurch wird zum einen ein Verständnis des Aufbaues und der inhaltlichen Struktur erarbeitet, das für die nachfolgenden Arbeitsschritte relevant sein wird, zum anderen wird hierdurch die vorgestellte Gliederung nochmals gefestigt.

---

[82] Vgl. ebd. S. 153.
[83] Vgl. Theißen, S. 258,

Die Verse 1-2a^2 verwenden zwei zentrale Motive: das Auftreten des Wundertäters und des Hilfsbedürftigen.[84] Im Zuge des Auftretens der beiden Protagonisten wird in V3b^1-5b ausführlich die Not des Besessenen charakterisiert. Hieraus lässt sich auch die Motivation des Besessenen Jesu gegenüberzutreten ableiten. Nach der Schilderung der Umstände, kommt es zur Interaktion zwischen den beiden Protagonisten: Der Besessene fällt vor Jesus nieder und erkennt durch wörtliche Rede hervorgehoben die Macht Jesu an. Diese Machtanerkennung ist eine Reaktion auf den Ausfahrbefehl Jesu. Hierauf folgt in V9d^1-d^2 die Namensnennung (*Legion heiße ich, wir sind viele*) und eine nachgeschobene erste Konzessionsbitte in V10a^1-a^2 (*Und er bat Jesus sehr, dass er sie nicht aus der Gegend vertreibe*). In Teil drei kommt es dann zur Wunderwirkung. Verwendete Motive sind hier die zweite Konzessionsbitte (V12a^1 b) und die Wunderwirkung (V13b^1-b^2). Darüber hinaus wird das Motiv der zerstörerischen Tätigkeit[85] des Dämons bzw. der Dämonen beschrieben, was bereits darauf hindeutet, dass es sich hier um einen Exorzismus (13c^1-13d) handelt. Dieses reicht zusätzlich mit in die Wunderdemonstration hinein. Mit dieser Demonstration und dem Auftreten der Sauhirten in V14a^1 und der Menschen aus der Stadt (V14b^1) als Zwischenspieler wird der Schluss der Erzählung eingeleitet. Die Reaktionen der Zwischenspieler werden durch Admiration (V14a^1; 15b; 17a^1-a^2; 20b, V14a^2; 16a^1-16a^4)ausgedrückt. Zusätzlich soll noch das abschließende Motiv der Rufausbreitung in V19 genannt werden, dass, wie noch zu zeigen ist, der Perikope einen anderen Charakter verleiht, wie sich zunächst darstellt.

Nicht in diese chronologische Vorgehensweise eingeschlossen wurden Ortsmotive. Diese werden allerdings in Kapitel 5 noch eine Rolle spielen, wenn es um die traditionskritische Analyse der Perikope geht. Eine komplette Übersicht der ausgemachten Motive, unter Einschluss der Ortsmotive, findet sich in einer tabellarischen Übersicht in Anhang 1.

3.2 Wortfeldanalyse und semantische Oppositionen

Bei der Betrachtung des Textes unter Berücksichtigung von semantischen Wortfeldern, die hier nicht näher besprochen wird, stellte sich als sinnvoll heraus, vier Felder herauszuarbeiten. Diese Felder werden im Folgenden genannt und mit den jeweiligen Begriffen unter Angabe des Verses gefüllt:

---

[84] Als Basis der Motivanalyse werden die von Gerd Theißen herausgearbeiteten Motivbegrifflichkeiten verwendet. Vgl. Theißen, Gerd, Urchristliche Wundergeschichten, Gütersloh ^{7}1998, S.129-196.
[85] Vgl. Theißen, Merz, S. 265.

Wortfeld	Begriffe
Wasser	Ufer (V1); See (V1; V13c,d); Boot (V2a^1; V18a^1); ersaufen (V 13d)
Orte	Gegend (der Gerasener)(V1; V10a^2); Gräber (V2a^2); Grabhöhlen (V3a; V5a^3); Berge (V5a$^{3;}$ V11); Weide (V11); Stadt und Lande (V12a^2/a^3); Gebiet (V17a^3); Haus (19b^1); die zehn Städte (V20a^3)
Exorzismus	Unreiner Geist/unreine Geister (V2a^2; V8b^2;V12a^1; V13b^1; 15a^6); quälen (V7c^2); ausfahren (v8b^1; V13b^1); bändigen (V4c); niederfallen (V6a^2); heißen (V9b/d); vertreiben (10a^2); (hinein)fahren (V12b; V13b^2); erlauben (V13a^1); stürmen (V13c); (der) Besessene (V15a^2; 16a^3; 18a^2) [Herde Säue, s. Personen und sachliches Inventar]
Personen und sachliches Inventar	Mensch (Va^2; V8b^3); Fesseln und Ketten (V3b^2; V4a/b); Steine (V5b); Jesus (V6a^1; 7b^2 V10a^1; 15a^1; 20a^4); Legion/Wir (V9d^1/d^2); Herde Säue (V11; 12b; 13b^2; 16a^4); Sauhirten (V14a^1); Leute (V14b^1); (der) Besessene (s. Exorzismus)

Tabelle 2: Wortfelder

Aus diesen erarbeiteten Wortfeldern lässt sich nun zweierlei erkennen: Zum einen geht es dem Evangelisten Markus darum, die Erzählung in einem geographisch definierten Raum zu verorten. Es gibt eine Vielzahl von Ortsbestimmungen (z.b. *Gegend der Gerasener* oder die *zehn Städte*). Hier spielt das Wortfeld Wasser auch mit hinein und bildet durch das Wort Boot, je am Anfang und am Ende der Perikope, einen erzählerischen Rahmen, was auch mit der Stellung der Erzählung im Gesamtkontext (s. 2.) zusammenhängt. Zum anderen fällt auf, dass sich das Wortfeld „Exorzismus" sich als sehr umfangreich erweist. Dieser Teil der Perikope stellt das Kernstück der Erzählung dar. Im Wesentlichen lassen sich hier vier Personen/Gruppen herausstellen, die an dem Geschehen mehr oder weniger beteiligt sind: Jesus, der Besessene und als Gruppen die Sauhirten und die herbeieilenden Menschen. Wird nun die Häufigkeit

23

einzelner Begriffe betrachtet, lassen sich hieraus Schlüsselbegriffe ableiten, die für das bessere Verständnis der Erzählung und auch für die folgenden Arbeitsschritte relevant sind. Gerade im Bereich des Exorzismus fallen folgende Begriffe durch mehrfache Verwendung auf: Der unreine Geist/die unreinen Geister, der Besessene, hinein- bzw. hinausfahren und die Herde Säue. Zwei weitere Schlüsselbegriffe mit großer Tragweite sind die Lokalisierungen der Perikope: *Das Gebiet der Gerasener* und die *zehn Städte*. Diese Beschreibungen fallen zwar nicht durch mehrfache Nennung auf, jedoch sind sie die einzigen genaueren Ortsangaben.

Neben diesen Schlüsselbegriffen, die auf den Exorzismus und den Ort hinweisen, sollte noch die Namensnennung bzw. die Erfragung des Namens (im Wortfeld Exorzismus findet sich der Bezug bei dem Wort *heißen* und *Legion heiße ich; wir sind viele*) hervorgehoben werden. Auch die von den Dämonen genannte Gottessohnschaft in V7b^2-7b^4 spielt mit in dieses Feld hinein. In Teil I ist bereits angeklungen, dass bei magischen Vorstellungen bzw. bei als magisch wahrgenommenen Handlungen auch Nennung magischer Namen eine Rolle spielt. Dies ist ein erstes Indiz in Richtung Magie, wenn es um die *Suche nach magischen Vorstellungen* geht.

Abschließend soll die Erzählung auf etwaige Oppositionen untersucht werden. Es fallen sechs Oppositionspaare auf:

1) Jesus – Bewohner
2) Jesus – Besessener
3) quälen – Wohltat
4) hinein – herausfahren
5) ich heiße – wir sind
6) vernünftig – unreiner Geist

Hier ist auffällig, dass sich die zentralen Oppositionen auch auf das eigentliche Wunder, den Exorzismus, beziehen. Jesus spielt hier als Handlungsträger und Wundertäter in allen sechs Oppositionen eine Rolle. Offensichtlich sind die ersten beiden Oppositionen, in denen er als Person genannt wird. Die darauffolgenden beziehen sich auf sein Handeln, auf das Wunder oder sind Konsequenzen aus seinen Handlungen.

Insgesamt betrachtet lässt sich als Ergebnis festhalten, dass sie aus den Wortfeldern bestimmte Schlüsselbegriffe ableiten lassen, die mit Blick auf die Traditionskritik zu einem tieferen Verständnis der Perikope führen können. Auch hat die Wortfeldanalyse nochmals die Einbettung des Textes in den Gesamtkontext des Evangeliums gefestigt. Die aufgestellten Oppositionen lassen Jesus als Handlungsträger und Wundertäter deutlich in Erscheinung treten. Darüber hinaus konnte ein erster Hinweis auf magische Vorstellungen ausgemacht werden.

4. Gattungsanalyse

Es soll nun Aufgabe sein, die vorliegende Perikope einer Gattung zu zuordnen. Hier haben die Motiv- und Wortfeldanalyse bereits große Vorarbeit geleistet und weisen bereits auf eine spezielle Gattung hin: Augenscheinlich handelt es sich bei der Perikope um eine Wundergeschichte, speziell um einen Exorzismus. Die im Folgenden angestellten Überlegungen sollen diese These belegen.[86]

Ein Exorzismus besitzt im Wesentlichen drei gattungsspezifische Merkmale: Das Ausgeliefertsein des Menschen an den Dämon, den Kampf zwischen Dämon und Exorzist und schließlich die zerstörerische Tätigkeit des Dämons in der Natur.[87] Diese drei Merkmale lassen sich in der vorliegenden Perikope wiederfinden. Die Exposition besteht neben dem Aufeinandertreffen von Exorzist (Jesus) und dem Besessenen zum größten Teil aus der Schilderung der Notlage (V3a-V5b). Sie kennzeichnet die verfahrene Situation des Besessenen: Er muss in den Grabhöhlen leben, da er auch für seine Umwelt und sich selbst eine Gefahr darstellt. Auch *Fesseln und Ketten* können den Besessenen nicht bändigen. Daneben stellt das Ausfahren des Dämons ein weiteres Charakteristikum des Ausgeliefertseins dar.[88] Das Ausfahren des Dämons findet nach einem Ausfahrtsbefehl und der Gewährung einer Bitte der Dämonen (V8 und V12-13b[2]) statt. Merkmale eines wirklichen Kampfes lassen sich in dieser Perikope nicht ausmachen. Dennoch kann eine Eigenart dieses zweiten Merkmales ausgemacht werden: Die Dämonen benutzen den Namen Jesu als *Sohn des Höchsten*. Sie beschwören ihn auf diese Weise sie nicht zu quälen (V7c[2]).[89] Auch die Namenserfragung durch Jesus und die Antwort darauf spielen mit in diesen Topos hinein. Die zerstörerische Tätigkeit des Dämons in der Natur ist sehr offensichtlich: Die Dämonen fahren in die Schweineherde und lassen sie über die Klippe in den Abgrund laufen (V12-13). Hier wird der zerstörerische Charakter der Dämonen deutlich und unterstreicht nochmals, dass „der besessene Mensch [...] Kampfstätte überirdischer und außermenschlicher Mächte [ist].“[90]

---

[86] Aufgrund des Umfangs dieser Arbeit kann nicht geleistet werden, die Gattungsanalyse aufgrund von ähnlich charakterisierten Quellentexten durchzuführen. Ein guten Überblick für analoge Texte in biblischen Texten aber auch anderen antiken Quellen bietet Theißen, Gerd, Urchristliche Wundergeschichten S. 95-98.

[87] Vgl. Theißen, Gerd, Urchristliche Wundergeschichten, S. 95-98.

[88] Vgl. ebd. S. 95.

[89] Vgl. ebd. S. 97.

[90] Ebd. S. 98.

Durch die Überprüfung der Perikope anhand ausgewählter Kriterien kann also davon ausgegangen werden, dass es sich bei der Erzählung um einen Exorzismus handelt.

5. Traditionskritik

Dieser abschließende Schritt untersucht aufgrund der Ergebnisse der exegetischen Vorarbeit die Perikope hinsichtlich ihrer aufgegriffenen Traditionen und es wird versucht die ursprüngliche Tradition nachzuzeichnen.[91] Nachdem etwaige Traditionen aufgedeckt wurden, soll es darum gehen, zu untersuchen, ob in dieser Perikope spezielle magische Vorstellungen greifbar und wie diese zu beurteilen sind. Im Zentrum der Vorgehensweise stehen die zuvor erarbeiteten Motive und vor allem Schlüsselbegriffe. Sie sollen sukzessive auf den Gehalt von Traditionen überprüft werden.

Die Einleitung, die zum größten Teil das Wortfeld Wasser füllt, ist ein markinischer Zusatz, der den schon angesprochenen Kontext zu den hervorgegangenen Erzählungen herstellt. Darüber hinaus ist der hier auftauchende Plural *sie kamen* ebenfalls nur als Anknüpfung an das Vorangegangene zu interpretieren. Hierdurch lässt sich bereits auf V18a[1] vorweg greifen: Die Nennung des Bootes lässt sich durch das markinische Anliegen von Vor- und Rückbezügen erklären.[92] Nun ergibt sich die Frage, ob davon ausgegangen werden kann, dass die Erzählung ursprünglich dort lokalisiert war, wo Markus sie verortet.[93] Hierfür soll nun der erste Schlüsselbegriff *die Gegend der Gerasener* näher untersucht werden.

Es erscheint als äußerst fragwürdig, dass die Erzählung ursprünglich in Gerasa verortet wurde, denn Gerasa war ungefähr 60 Kilometer südöstlich vom See Genezareth gelegen.[94] Es wäre sowohl für die Schweine als auch für die herbeieilenden Menschen schwierig gewesen eine solche Strecke in der kurzen Zeitdauer, die durch die Erzählung beschrieben wird, zurückzulegen. Nun lohnt sich ein Blick in die Parallelstellen zu Mk 5,1-20: Es fällt auf, dass Lukas die Erzählung ebenfalls im *Gebiet der Gerasener* (Lk 8,26) verortet. Matthäus allerdings nennt hier das *Gebiet der Gadarener* (Mt, 8,28). Hat Matthäus hier die Markus-Tradition korrigiert? Wird die geographische Lage von Gadara nun aber überprüft, fällt ebenfalls auf, dass es sich auch hier nicht um den ursprünglichen Ort gehandelt haben kann. Gardara, das heutige Um Qeis, liegt immerhin noch gute acht Kilometer von dem Ort der Erzählung

---

[91] Vgl. Ebner, Martin, Heininger, Bernhard, S. 245.
[92] Vgl. Gnilka, Joachim, Das Evangelium nach Markus, (EKK II/1), Zürich u.a. [5]1998, S. 200.
[93] Vgl. ebd. S. 201.
[94] Vgl. McRay, John, s.v. Gerasene, ABD 2 (New York 1992) S. 991.

entfernt.[95] Auf der Such nach der hier ursprünglichen Tradition hilf nur noch ein Blick in den Originaltext und der angebotenen Lesarten. Neben den bereits erwähnten Möglichkeiten gibt es noch eine Lesart, die die Erzählung in Gergesa (also εἰς τὴν χώραν τῶν Γεργεσηνῶν)[96] verortet. Gergesa erfüllt auch die Voraussetzungen, die von der Perikope gefordert werden: Es liegt am Ufer des Sees Genezareth und besitzt die topographische Klippenstruktur, die für das Schicksal der Schweineherde notwendig ist.[97] Die Vermutung liegt nahe, dass diese sehr ähnlich geschriebenen und auch nahe beieinander gelegenen Orte miteinander verwechselt wurden. Jedoch soll hier nun kurz eine mögliche Intention dieser redaktionellen Bearbeitung vorgestellt werden: Gerasa ist eine Stadt, die zum autonomen Verband der Dekapolis (hier bereits der Bezug zu V20a[3]) gehörte.[98] Dieses Gebiet war zum größten Teil von Heiden bewohnt und dem zeitgenössischen Leser durchaus bekannt gewesen.[99] Es geht hier also offenbar darum, dem Leser zu verdeutlichen, dass Jesus hier das erste Mal heidnisches Gebiet betritt.[100] Im engen Bezug zu dieser Überlegung steht hier der Verkündungsauftrag durch Jesus in V19 und die Verkündigung durch den Geheilten in der Dekapolis in V20. Hier spielen die bereits angestellten Überlegungen (Jesus in heidnischem Land) eine gewichtige Rolle und werden weiter ausgeführt: Das Wirken Jesu und damit die Barmherzigkeit Gottes haben selbst dieses heidnische Gebiet erreicht. Jesus kann als Befreier der nicht-jüdischen Bevölkerung interpretiert werden, da das *Gebiet der Gerasener* nun kein unreines mehr ist. Der ehemals Besessene kann die Botschaft Jesu nun ungehindert verbreiten. Somit kann als Zwischenfazit konstatiert werden, dass es sich bei dieser Erzählung primär um eine Missionserzählung handelt.[101]

Nachdem die Perikope hinsichtlich ihrer Verortung und den daraus abzuleitenden Intentionen besprochen wurde, soll sich im nächsten Schritt dem Kern der Wundergeschichte, dem Exorzismus, gewidmet werden.

Die Exorzismuserzählung wird durch das expositionelle Motiv der Notlagen-Schilderung (vgl. Anhang 1) eingeleitet. Der Besessene wird für den Leser auf die

---

[95] Vgl. ebd.

[96] Vgl. Barbar, Aland, Kurt, Aland (Hrsg.), Novum Testamentum Graece, Stuttgart [28]2012, Mk 5,1.

[97] Vgl. Gnilka, Joachim, S. 201.

[98] Vgl. Eckey, Wilfried, Das Markusevangelium, Neukirchen-Vluyn [2]2008, S. 193.

[99] Vgl. Gnilka, Joachim, S. 201.

[100] Vgl. Eckey, Wilfried, S. 193.

[101] Ebd. S. 198. Hier gibt es allerdings aufgrund von Traditionskritischen Entscheidungen durchaus andere Interpretationen. Joachim Gnilka beispielsweise sieht hier keinen Missionsbefehl, sondern eher einen Bruch des Schweigegebotes. Vgl. Gnilka, Joachim, S. 206-207.

grausamste und schrecklichste Art und Weise charakterisiert (V3-5).[102] Die *Wohnung in den Grabhöhlen* (V3a[1]) wird dem Leser durch das Aufgreifen bekannter Traditionen vergegenwärtigt, dass es sich hier um einen Dämon handelt, da „die unreinen Dämonen […] als Wohnort die Stätten des Todes, Grabhöhlen und Friedhöfe [bevorzugen].[103] Die Verse 6 und 7 setzen die Exposition fort (s. Anhang 1) und bereiten den Hauptteil vor: Die Proskynese vor Jesus symbolisiert bereits eine Machtanerkennung, die durch das darauf Gesagte konkretisiert wird: *Was willst du von mir, Jesus, du Sohn Gottes, des Allerhöchsten? Ich beschwöre dich bei Gott: Quäle mich nicht.* Es liegt hier eine Verbindung zu Mk 1,23 vor. Allerdings, auch wenn eine Verwandtschaft nicht von der Hand zu weisen ist, ist die Pointierung durch die Nennung eine anderen Hoheitstitels (*der Heilige Gottes* (1,23) – *Sohn Gottes, des Allerhöchsten*) eine andere.[104] Hier werden bewusst abermals heidnische Traditionen aufgegriffen: Ὁ ὕψιστος ist ein polyvalenter Ausdruck, der in polytheistischen Religionssystemen den obersten Gott bezeichnet. Im griechischen Raum wurde so Zeus betitelt, im syrisch-phönizischen Baal.[105] Aber auch im jüdisch-hellenistischen Kontext ist diese Betitelung zu finden. In diesem Kontext ist der eine, allumfassende Gott gemeint.[106] Aufgrund der zuvor angestellten Überlegungen ist also hier ein heidnischer Kontext anzunehmen. Das Aufgreifen dieser Traditionen ist abermals eine Botschaft an den Leser, dass Jesus sich hier in einem heidnischen Umfeld befindet. Durch die Beschwörungsformel *Ich beschwöre dich bei Gott* wird die ausweglose Lage der Dämonen deutlich. Allerdings versteckt sich, wird die Äußerung auf Tradition untersucht, hier eine Parodie: Ausgehend von antiken (Exorzismus-, Magie-)Ritualen ist eine solche Äußerung dem Magier (hier dem Exorzisten) vorbehalten, wie es in verschiedenen Zauberpapyri dargestellt wird[107] und es die Betrachtung der Defixione in 1.2 gezeigt hat. Für das weitere Vorgehen lässt sich hier kurz feststellen, dass mit magischen Vorstellungen gespielt wird. Für die traditionskritische Arbeit lässt sich sagen, dass die Anrufung Gottes für die Dämonen einen Verzweiflungsakt darstellt. Der nun innerhalb der Perikope folgende Ausfahrbefehl (V8) wirkt wie ein Nachtrag. Er ist als eine Erwiderung auf die Machtanerkennung der Dämonen konzipiert, was aber sprachlich gesehen nicht sinnig ist.[108]

---

[102] Vgl. Ebd. S. 194.
[103] Böcher Otto, Christus Exorcista, (Beiträge zur Wissenschaft vom Alten und Neuen Testament, Bd. 96), Stuttgart u.a. 1972, S. 74.
[104] Vgl. Gnilka, Joachim, S. 204.
[105] Vgl. Eckey, Wilfried, S. 195.
[106] Näheres zu diesem Gottestitel und seine Verwendung findet sich in Anmerkung 25 bei Gnilka, Joachim, S.204.
[107] Vgl. Gnilka, Joachim, S. 204.
[108] Vgl. Dschulnigg, Peter, S. 155.

Der nun folgende Abschnitt hat das Motiv (s. Anhang 1) der Namenserfragung zum Inhalt. Hier verbergen sich zwei wesentliche Traditionslinien. Zunächst soll auf den Namen der Dämonen eingegangen werden: *Legion heiße ich; wir sind viele*. Der Begriff der Legion als Dämonenname ist einzig in dieser Perikope und seiner Parallele Lk 8, 26 belegt.[109] Dieses lateinische Lehnwort hebt die Erzählung auf eine neue Ebene: Es geht hier um eine Anspielung auf die verhasste Fremdherrschaft der Römer.[110] Auch der folgende Vers 10, die Konzessionsbitte, steht in diesem Kontext: Die Römer hatten nicht die Absicht, das Land zu verlassen, was sich in dieser Bleibe-Bitte widerspiegelt.[111] Die zweite Traditionslinie verbirgt sich hinter dem Akt der Namenserfragung: Wie bereits mehrfach angeklungen, lässt sich hier eine magische Vorstellung erkennen: Durch die Kenntnis des Namens erlangt der Exorzist Macht über den Dämon.[112] Es kann also festgestellt werden, dass Jesus sich hier durchaus einer als magisch bewerteten Praxis bedient.

Mit dem Motiv der Schweineherde wird der Hauptteil eingeleitet. Dieser Schlüsselbegriff bewegt sich auch in den beiden festgestellten Ebenen: Zum einen geht es abermals darum, das Umfeld der Erzählung als heidnisch zu charakterisieren, zum anderen wird die römische Fremdbesatzung wieder mit eingebracht und zwar durch das Einfahren der Dämonen in die Schweine in V13. Schweine sind aus jüdischer Sicht kultisch unreine Tiere. Der Umgang mit oder auch nur das Leben mit ihnen auf einem gemeinsamen Boden ist für Juden höchst problematisch.[113] Die zweite Konzessionsbitte der Dämonen, doch in die Schweine fahren zu dürfen, um somit sicher zu sein vor dem jüdischen Exorzisten wird gewährt. Darüber hinaus werden wieder die Rollen vertauscht: Die Bitte um eine Verbannung steht in der magischen Tradition nur dem Exorzisten zu.[114] Anschließend stürzt sich die in die Schweine eingefahrene Legion die Klippe hinunter. Diese stark überzeichnete Szene, die fast wie eine Karikatur wirkt, hat ihre Pointe darin, dass es für Christen, dort wo Jesus sich aufhielt und wirkte, keine kultisch unreinen oder unrein wirkenden Menschen gibt und darüber hinaus auch keine unreinen Gebiete. Ebenfalls soll die Angst vor der römischen Fremdherrschaft gemildert werden.[115]

Der abschließende Versblock (V14-20) stellt die Reaktionen der Menschen dar. Erwartet würden nun positive Reaktionen (Akklamationen) auf das geschehene

---

[109] Vgl. Große Konkordanz zur Lutherbibel, s.v. Legion, (Stuttgart 2001).

[110] Vgl. Gnilka, Joachim, S. 205.

[111] Vgl. ebd.

[112] Die Macht der Namenskenntnis wurde bereits in Teil I behandelt.

[113] Vgl. Eckey, Wilfried, S. 197.

[114] Vgl. Gnilka, Joachim, S. 205.

[115] Vgl. Eckey, Wilfried, S. 197.

Wunder. Jedoch stellt sich der Erzählverlauf anders dar:[116] Es macht sich Furcht und Entsetzen breit, zunächst bei den Sauhirten. Diese laufen davon und berichten den Stadtbewohnern, was mit dem Besessenen und auch der Sauherde geschehen ist (V15b-16). Das Geschehene veranlasst die Bewohner, Jesus zu bitten, ihr Gebiet zu verlassen (V17). Jesus scheint ihnen unheimlich geworden zu sein.[117] Diese Reaktion steht in enger Beziehung zu den in Teil I erarbeiteten Ergebnissen. Jesus bedient sich als magisch deklarierte Methoden, die, zumindest innerhalb dieser soziokulturellen Gruppe, scheinbar nicht zu der alltäglichen Praxis gehörten. Man kann hier ein deviantes Verhalten Jesu erkennen, dass die Menschen ängstigt. Sicherlich spielen die Rollenvertauschung und die Vollmacht Jesu, die gleich zu Beginn von den Dämonen anerkannt wird, zusätzliche eine entscheidende Rolle. Inwiefern nun Jesus Handeln auf Basis des erarbeiteten Magiebegriffs als magisch zu deuten ist, wird noch zu klären sein.

Die traditionskritische Analyse hat gezeigt, dass in *Heilung des besessenen Geraseners* verschiedene Traditionsstränge miteinander verwoben worden sind. Es können drei Schichten von Traditionen mit verschiedenen Intentionen ausgemacht werden: Im Vordergrund steht die theologische Botschaft, dass Jesus Wirken sich nicht einzig auf jüdische Gebiete vollzieht, sondern seine Botschaft auch für Heiden eine Relevanz hat. Die eingangs getroffene Aussage zur Markus-Theologie, die eine Begleitung Jesu auf den Kreuzestod ausgerichtet beinhaltet, ist hier mit anzuführen. Die Rahmung durch das Wortfeld Wasser und die diskutierte Verortung lassen hier auf markinische Intentionen schließen. Seine Absicht war es, die ihm bekannte Exorzismuserzählung in den Gesamtkontext seiner Theologie einzubetten. Darüber hinaus klingt hier auch markinische Christologie mit an: Die Nennung des Gottes-Sohn-Prädikats bereitet das Bekenntnis des Hauptmannes am Kreuz vor (Mk 15,39).[118]

Auf einer weiteren Traditionsebene setzt sich die Perikope sozialkritisch mit den damaligen politischen Verhältnissen auseinander: Die römische Fremdherrschaft wird thematisiert, die sich symbolisch der Macht Jesu unterwirft und letztlich unschädlich gemacht wird.

Die dritte Traditionslinie lässt sich auf der Ebene von magischen Vorstellungen ausmachen: Die Perikope spielt mit diesen und vertauscht bewusst vorherrschende Vorstellungen, um eine Akzentverschiebung in Richtung Christologie vorzunehmen. Der Exorzismus spielt sich nicht so ab, wie es sich durch Vergleiche mit anderen

---

[116] Vgl. ebd.
[117] Vgl. Gnilka, Joachim, S. 207.
[118] Vgl. Gnilka Joachim, S. 208.

Quellen vermuten ließe. Darüber hinaus deutet sich auch der Umgang der Menschen mit derartiger Magie an: Sie nehmen Jesu Wirken als ein deviantes Handeln wahr.

6. Auf der Suche nach magischen Vorstellungen im Neuen Testament

Dieses abschließende Analyse-Kapitel soll nun überprüfen, inwiefern Jesu Handeln in der analysierten Perikope als magisch zu deklarieren ist. Dafür sollen sich nochmals die in Teil I abgeleiteten Parameter in Erinnerung gerufen werden:

Bei magischen Handlungen handelt es sich um Praktiken

a) mit einem manipulativen Charakter
b) , die sich übernatürlicher Kräfte bedienen
c) , die eine Erfolgsgarantie versprechen.

Darüber hinaus soll überprüft werden, wie sich in diesem konkreten Falle magische zu religiösen Vorstellungen verhalten.

Der erste Parameter kann hier nicht verwendet werden. Ob die Handlungen Jesu in dieser Perikope manipulativ sind oder nicht, lässt sich nicht sagen. Generell kann in dieser Perikope von keiner tatsächlichen ‚Handlung' Jesu ausgegangen werden, naheliegende Gesten wie beispielsweise Hand auflegen oder Verwendung von *voces mysticae*[119] lassen sich hier nicht erkennen. Dass sich Jesus in der Erzählung außernatürlicher Kräfte bedient, steht außer Frage. Die Frage ist vielmehr, welche Qualität diese Kräfte haben. Jesu Kraft ist eine göttliche. Er hat sie inne, weil, und das wird in der markinischen Christologie betont, er Gottes Sohn ist, was auch durch böse, übernatürliche Kräfte anerkannt wird: „Jesus heilt nicht aufgrund seiner magischen Gelehrsamkeit […], sondern aufgrund seiner göttlichen Kraft."[120] Das ist auch für den antiken Leser klar. Jesu Wundertaten können eine Erfolgsgarantie unterstellt werden, handelt er doch durch göttliche Kraft. Mit einem Blick auf die Perikope kann aber der redaktionelle Zusatz in V8 als Misserfolg gedeutet werden. Eine solche Garantie kann auch durch das gezielte Unterwerfen der Dämonen unter Jesu abgeleitet werden. Da die Dämonen Jesu göttliche Allmacht kennen, wissen sie, dass es für sie nahezu unmöglich sein wird, dieser zu entgehen. Dies spiegelt auch der Verlauf der Erzählung auch wider.

Anhand der erarbeiteten Parameter kann das Wunderwirken Jesu in dieser Perikope als nicht magisch deklariert werden. Durchaus befindet sie diese Erzählung und somit sein Handeln in einer magischen Tradition, aber christlich-religiöse Intentionen stehen im

---

[119] Vgl. Busch, Peter, S. 51.
[120] Ebd. S. 160.

31

Vordergrund. Allerdings geht es auch viel mehr darum, magische Vorstellungen ausfindig zu machen und diese können durchaus festgestellt werden. Der Akt der Dämonenaustreibung ist, wie gezeigt, in einem magischen Milieu anzusiedeln. Hier werden magische Traditionen aufgegriffen. Allerdings werden diese religiös umgedeutet, was in den Ansätzen von O´Keefe bereits vorgestellt wurde. Dass Jesus etwas tut, was den Menschen Angst macht, steht außer Frage (V15b; V17). Inwiefern sie dieses als magisch deuten, wie vermutet, muss offen gelassen werden, da es aus der durchgeführten Analyse nicht abschließend verifiziert werden kann. Auf jeden Fall aber kann Jesu Handeln hier als deviant angesehen werden. Die Szene des eigentlichen Exorzismus, also Ausfahrtsbefehl, Namenserfragung und Hinausfahren der Dämonen sind sicherlich die am ehesten als magisch wahrgenommen Elemente. Betont werden muss an dieser Stelle nochmals, dass in der Perikope mit den magischen Vorstellungen bewusst gespielt wird. Jesus wird ganz bewusst innerhalb dieses magischen Kontextes eingebettet, da sich hierüber Theologie gekoppelt an zeitgenössische Lebenswelt vermitteln lässt.

IV   Zusammenfassung und Ausblick

Die Analyse von Mk 5,1-20 ergab, dass sich innerhalb dieser Perikope eine Vielzahl von verschiedenen Traditionssträngen finden lässt. Diese sind von theologischer, sozialkritischer und magischer Qualität. Die darauf folgende Suche nach magischen Vorstellungen ist allerdings bedingt erfolgreich gewesen. Es konnten durchaus magische Vorstellungen erarbeitet werden, da wie bereits einleitend erwähnt, gerade die neutestamentarischen Wundergeschichten einen Verbindungspunkt zur magischen Traditionen darstellen. Hieraus ergibt sich, dass der Exorzismuserzählung an sich schon eine magische Färbung immanent ist. Der erste Analyseteil verdeutlichte die Komplexität eines Definitionsversuches von Magie. Darüber hinaus hat die Verhältnisbestimmung von Magie und Religion ergeben, dass sich dieses nicht eindeutig beschreiben lässt, da in dieses Verhältnis sehr viele verschiedene Faktoren eine Rolle spielen, wodurch es den beiden Begriffen eine gewisse Dynamik zueinander verleiht. Eben dieser Dynamik und der christlich-theologischen Charakter der biblischen Schriften ist es geschuldet, dass es sehr schwierig ist eindeutige magische Vorstellungen aus den Texten abzuleiten. Sicherlich stecken in den hier untersuchten biblischen Text, wie mehrfach dargelegt, verschiedenste magische Traditionen. Diese werden von den Evangelisten aufgegriffen und in ihre theologische Intention eingewoben. Deshalb tauchen in den Wundergeschichten immer wieder magische Vorstellungen auf, weil, wie zu Beginn der Arbeit festgestellt, Magie eine zentrale Rolle in der Lebenswelt der Menschen der Antike gespielt hat. Diese zentrale Rolle wurde durch den erwähnten Synkretismus zusätzlich unterstrichen. Allerdings konnten magische Handlungen und/oder Sprache nicht ausgemacht werden. Somit wurden letztlich magische Elemente mit aufgenommen, aber, wie bereits erwähnt, religiös umgedeutet.

Weiterführend gedacht, wäre sicherlich interessant, zwei Dinge tiefergehend zu betrachten: Zum einen wäre es lohnenswert sich dem Magiebegriff durch eine umfassendere Quellenlektüre weiter zu nähern und dieses dynamische Verhältnis weiter auszufüllen. Auf der anderen Seite wäre eine umfassende Suche von magischen Vorstellungen im NT sinnvoll. So könnten ganze Buchkomplexe, z.B. Evangelien oder die paulinischen Briefe zusammen betrachtet werden und auf magische Vorstellungen und Tradition hin untersucht werden. Aufbauend auf diesen Betrachtungen kann dann der virulenten Forschungsfrage, ob Jesus ein Magier sei, die bereits in dieser Arbeit Anklang gefunden hat, auf die Spur gekommen werden.

Anhang 1

Motivübersicht

Verortung innerhalb der Perikope	Vers	Motiv
Einleitung	*V1*	*Ortsangabe*
Einleitung	*$V2a^2 - 3a^1$;* *$5a^1 - 5a^3$*	*Ortsangabe*
Einleitung/Exposition	V2 – 5b	Auftreten des Wundertäters, des Besessenen und Charakterisierung der Notlage bzw. Motivation des Besessenen
Exposition	V6 – 7	Niederfallen, Machtanerkennung
Exposition	V 8 – 9	Ausfahrbefehl und Namensnennung
Exposition	V10	1. Konzessionsbitte
Hauptteil	V11	Einführung der Schweineherde*
Hauptteil	V12	2. Konzessionsbitte
Hauptteil/Schluss	13	Wunderwirkung, -demonstration, Zerstörungsgewalt der Dämonen
Schluss	V14	Auftreten von Zwischenspielern
Schluss	$V14a^1$; 15b; $17a^1–a^2$;20b	Admiration
Schluss	$V14a^2$; $16a^1– 16a^4$	Admiration
Schluss	19	Ausbreitung des Rufs
Schluss	*$V20a^3$*	*Ortsangabe*

Anmerkung: Ortsmotive, da sie nicht explizit innerhalb der Analyse genannt wurden, wurden durch Kursive kenntlich gemacht.

* Die Einführung der Schweineherde wurde ebenfalls nicht in der Analyse behandelt, ist hier aber aufgeführt, da sie innerhalb der Traditionskritik eine wichtig sein wird, charakterisiert sie doch das Umfeld der Perikope.

Quellen- und Literaturverzeichnis

Quellen:

Aland, Barbara, Aland, Kurt (Hrsg.), Novum Testamentum Graece, Stuttgart [28]2012.

Betz, Hans Dieter, The Greek magical Papyri in translation, Chicago [2]1992.

Die Bibel. Nach der Übersetzung Martin Luthers. Mit Apokryphen, revidierte Fassung von 1983, Stuttgart 2007.

Gager, John, G., Curse Tablets and Binding Spells from the Ancient World, Oxford 1992.

Gelzer, Thomas u.a., Lamella Bernensis. Ein spätantikes Goldamulett mit christlichem Exorzismus, (Beiträge zur Altertumskunde), Stuttgart 1999.

Literatur:

Aune, David E., Magic in Early Christianity, ANRW II.23.2 (1980), S. 1507 – 1557.

Bienert, David C., Bibelkunde des Neuen Testaments, Gütersloh 2010.

Becker, Michael, Die Magie Problematik in der Antike, ZRRG 54 (2002), S.1 – 22.

Böcher Otto, Christus Exorcista. Dämonismus und Taufe im Neuen Testament, (Beiträge zur Wissenschaft vom Alten und Neuen Testament, Bd. 96), Stuttgart u.a. 1972.

Busch, Peter, Magie in neutestamentlicher Zeit, Göttingen 2006.

Dschulnigg, Peter, Das Markusevangelium, (ThKNT, Bd.2), Stuttgart 2007.

Ebner, Martin, Heininger, Bernhard, Exegese des Neuen Testaments, Paderborn [2]2007.

Eckey, Wilfried, Das Markusevangelium, Neukirchen-Vluyn [2]2008.

Gemoll, Wilhelm, Griechisch-Deutsches Schul-und Handwörterbuch, München [9]1997.

Gnilka, Joachim, Das Evangelium nach Markus, (EKK II/1), Zürich u.a. [5]1998.

Große Konkordanz zur Lutherbibel, Stuttgart 2001.

Harmening, Dieter, s.v. Magie, TRE 21 (1991),S. 686-703.

Jordan, D.R., A Survey of Greek Defixiones not included in the Special Corpora: Greek, Roman and Byzantine Studies 26/1 (1985).

Klauck, Hans-Josef, Die religiöse Umwelt des Urchristentums I. Stadt- und Hausreligion, Mysterienkulte, Volksglaube, Stuttgart 1995.

McRay, John, s.v. Gerasenes, ABD 2 (New York 1992), S. 991-992.

Preisendanz, Karl, s.v. Fluchtafel (Defixion), RAC 8 (1972), S. 2-30.

Ders. (Hrsg.), Papyri Graecae Magicae. Die griechischen Zauberpapyri. Bd. I, Stuttgart [2]1973.

O´Keefe, Daniel Lawrence, Stolen Lightning. The Social Theory of Magic, New York 1983.

Schnelle, Udo, Einleitung in das Neue Testament, Göttingen [5]2004.

Theißen, Gerd, Urchristliche Wundergeschichten. Ein Beitrag zur formgeschichtlichen Erforschung der synoptischen Evangelien, Gütersloh [7]1998.

Theißen, Gerd, Annette Merz, Der historische Jesus. Ein Lehrbuch, Göttingen [4]2011.

Abkürzungsverzeichnis

ABD	The Anchor Bible Dictionary
ANRW	Aufstieg und Niedergang der römischen Welt
EKK	evangelisch-katholischer Kommentar zum Neuen Testament
LB	*lamella Bernensis*
PGM	*Papyri Graecae Magicae*
RAC	Reallexikon für Antike und Christentum
THKNT	Theologischer Kommentar zum Neuen Testament
TRE	Theologische Realenzyklopädie
ZW	Zauberwort
ZRRG	Zeitschrift für Religions-und Geistesgeschichte

BEI GRIN MACHT SICH IHR WISSEN BEZAHLT

- Wir veröffentlichen Ihre Hausarbeit,
  Bachelor- und Masterarbeit

- Ihr eigenes eBook und Buch -
  weltweit in allen wichtigen Shops

- Verdienen Sie an jedem Verkauf

Jetzt bei www.GRIN.com hochladen und kostenlos publizieren